Inhalt

Pfadabhängigkeit - Ist der langsame Weg von Unternehmen in die Erstarrung vermeidbar?

Kernthesen

Beitrag

Fallbeispiele

Weiterführende Literatur

Impressum

Pfadabhängigkeit - Ist der langsame Weg von Unternehmen in die Erstarrung vermeidbar?

Harald Reil

Kernthesen

- Sogenannte Pfadabhängigkeiten haben schon manches Unternehmen in die Pleite getrieben.
- Fachleute verstehen darunter die Unfähigkeit von Firmen, eingefahrene Handlungsmuster zu verlassen und ihre Strategie neu auszurichten.
- Diskursivität, charismatische Führungspersönlichkeiten und Gegenparadoxien sollen dabei helfen, mit starren Traditionen zu brechen.

- Allerdings gibt es auch Skeptiker, die bezweifeln, dass Unternehmen tatsächlich radikal neue Wege gehen können.

Beitrag

Was hat Pfadabhängigkeit mit QWERTY zu tun?

Was hat die Anordnung der Buchstaben auf einer Computertastatur mit Unternehmen zu tun, die so starr in ihrer Ausrichtung sind, dass sie sich selbst lahm legen? Diese Frage nahm im Jahr 1985 der Wirtschaftswissenschaftler Paul David zum Aufhänger, um seine Grundidee der Pfadabhängigkeit zu entwickeln. Er zeigte, dass die im amerikanischen gebräuchliche QWERTY-Anordnung der Buchstaben auf zwei Entscheidungen der Firma Remington zurückging, eines Waffenherstellers, der sein Geschäft auf ein breiteres Fundament stellen wollte: Einerseits sollte das Ärgernis sich ineinander verhakender Typenhebel zumindest weitgehend vermieden werden; andererseits wollte das Unternehmen aus Verkaufsgründen, dass sich das Wort TYPEWRITER bei Vorführungen des neuen Apparates ohne großen

Aufwand schreiben lässt. Dank der Marktmacht von Remington setzte sich das QWERTY-System durch und dominiert selbst im Computerzeitalter noch immer die meisten Tastaturen dieser Welt - obwohl es im Laufe der Jahrzehnte immer wieder Lösungsvorschläge für bessere, einfachere Anordnungen gegeben hat. Verantwortlich für die noch immer ungebrochene Macht der QWERTY-Tastatur ist der sogenannte Netzeffekt. Je mehr Anwender ein System nutzen, desto schwieriger ist es, daraus auszubrechen. (1)

Der langsame Abstieg in die Abhängigkeit

Ähnliche Mechanismen, so argumentiert David, sind in Firmen am Werk, deren Protagonisten mit ihrem Denken so stark auf eingefahrenen Pfaden unterwegs sind, dass es ihnen nur schwer möglich ist, diese wieder zu verlassen. Die Forschung hat ein Drei-Phasen-Modell herausgearbeitet, das den langsamen Abstieg in die Abhängigkeit versinnbildlicht. In Phase eins hat das Unternehmen nicht nur eine ganze Reihe von Wahlmöglichkeiten, es ist auch noch relativ amorph und daher offen für verschiedene Wege. Im Übergang zu Phase zwei gibt es einen "critical juncture" - einen kritischen Zeitpunkt also, an dem die Firma eine Entscheidung treffen muss, die sich oft erst im Nachhinein als schwerwiegend herausstellt. Auslöser sind meist eine ganze Reihe kleiner Ereignisse, die in eine bestimmte Richtung weisen, aber keineswegs zwingend nur eine Handlungsmöglichkeit zulassen. Phase zwei wird von einer Pfadverfestigung geprägt, da sogenannte positive Rückkoppelungseffekte dazu führen, dass sich bestimmte Entscheidungswege durchsetzen. In Phase drei steckt das Unternehmen bereits in einer Pfadabhängigkeit fest, was sich konkret in einer extremen Verengung von vorstellbaren Handlungsspielräumen äußert. Routinen, die auf zurückliegenden Erfolgen beruhen, mittlerweile aber ihren Sinn verloren haben, so genannte Best-Practice-Modelle, die längst überholt sind, oder Investitionen in immer wieder gleiche Geschäftsfelder, weil sie sich in der Vergangenheit als profitabel erwiesen haben, unterdessen aber schon lange nicht mehr von Erfolg gekrönt sind, sind Ausdruck einer Pfadabhängigkeit. Man spricht in dem Zusammenhang dann auch von sogenannten "Lock-in-Effekten", die nicht zuletzt auch daher rühren, dass in vielen Unternehmen Effizienz vor strategischer Agilität geht. Aus dem bisher Gesagten lässt sich natürlich nicht ableiten, dass Routinen per se schlecht sind; denn ohne Regelmäßigkeit in bestimmten Abläufen ist ein sinnvoller Geschäftsbetrieb gar nicht möglich. Die Kunst ist es zu erkennen, wann eingefahrene Handlungsmuster ins Negative umschlagen - für die

Routineforschung ist das ein weites Feld. (1), (4)

Radikaler Bruch mit der Vergangenheit

Nach Ansicht einiger Experten sind Unternehmen also nicht zwangsläufig dazu verdammt, in einer von Routinen induzierten Starre zu verharren oder überhaupt erst, in sie hineinzugleiten. Sogenannte diskursive Ansätze, die nach dem Vorbild psychotherapeutischer Erkenntnisprozesse funktionieren, machen Organisationen schon frühzeitig auf drohende Pfadabhängigkeiten aufmerksam. Wer diese erkennt, kann daher auch rechtzeitig Maßnahmen ergreifen, um sie zu verhindern. Eine andere Methode ist der radikale Bruch mit der Vergangenheit, der sich nach der Meinung von Theoretikern mit einem Führungswechsel erreichen lässt. So genannte charismatische Persönlichkeiten sollen das handlungseingeschränkte Unternehmen auf neue Pfade führen, indem sie ihm neue Perspektiven eröffnen. Systemische Theorien arbeiten hingegen mit dem Konzept von Gegenparadoxien. Diesem Ansatz zufolge ist die Pfadabhängigkeit von Unternehmen ein Paradox, das sich nur dadurch als solches entlarven lässt, wenn ihm ein gleichermaßen paradoxes Gegenbeispiel als Spiegelbild entgegengehalten wird. Eine andere, etwas verschwurbelte Theorie, nennt sich zirkuläres Prozessmodell. Ihre Verfechter scheinen sich mit reichlich banal klingenden Lösungsvorschlägen von Pfadabhängigkeiten lösen zu wollen. Besser als daraus auszubrechen, ist es aber, gar nicht in sie hineinzugeraten. Dabei kann ein gezieltes Pfadmonitoring helfen, das gefährliche Tendenzen schon frühzeitig erkennt und entschlossen gegen sie ankämpft. Voraussetzung ist allerdings eine Unternehmenskultur, die zur Selbstkritik, wie es erfolgreiches Pfadmonitoring erfordert, ermutigt. (1), (5)

Die ewige Wiederkehr des Gleichen

Trotz dieser theoretischen Möglichkeiten, Pfadabhängigkeiten aufzuspüren, daraus auszubrechen oder gar nicht erst in sie hineinzugeraten, stellt sich nicht nur die Frage, ob Unternehmen wirklich dazu in der Lage sind, sondern auch - wenn ja - wie diese Ausbruchsversuche in der Realität aussehen. Skeptiker wie Reinhard K. Sprenger, der seit einem Vierteljahrhundert Managementbücher schreibt und sich die Erfindung und Neuerfindung von Unternehmen mit mittlerweile olympischer Gelassenheit anschaut, bezweifelt, dass bei vielen der groß angekündigten strategischen Reorientierungen von Firmen wirklich etwas herauskommt. Seiner Meinung nach oszilliert das Verlassen von Pfadabhängigkeiten vielmehr zwischen zwei Polen hin und her. Bei dieser Sicht der Dinge kommen vor allem die Unternehmensberatungen nicht gut weg, ebenso wie die eigentlichen Entscheider, die zu schwach sind, die Dinge selbst in die Hand zu nehmen. Unternehmensberatungen jedenfalls, so lautet das Argument, verkaufen nach langwierigen Analysen eine Lösung, kalkulieren ihr Scheitern gleich mit ein, um nur wenige Jahre später mit einem Gegenvorschlag, den sie sich ebenfalls gut bezahlen lassen, erneut auf der Matte zu stehen. Der deutsche Philosoph Friedrich Nietzsche hat das in einem anderen Zusammenhang treffend "Die ewige Wiederkehr des Gleichen" genannt. (2)

Trends

Survival of the Fittest

In einer Zeit, die so schnelllebig ist, dass eine neue Entwicklung die andere jagt, müssen Firmen lernen, sich rasch neu zu orientieren und gewohnte Wege zu verlassen, wollen sie nicht von einer agileren Konkurrenz überrannt werden. Mehr denn je kennzeichnet daher auch das Wirtschaftsleben das Diktum "Survival of the Fittest", das der britische Sozialphilosoph Herbert Spencer geprägt hat. Allerdings ist es fraglich, ob diese fluide Adaptionsfähigkeit, die als Ideal einer variationsfähigen Strategie gilt, wirklich vielen Unternehmen gelingen kann. Bisher haben nur verschwindend wenige deutsche Firmen das methusalemische Alter von 100 Jahren oder mehr erreicht. Wahrscheinlich ist daher, dass sich angesichts der immer schnelleren Innovationszyklen die Zahl der Pleiten, aber auch die Zahl der Neugründungen drastisch erhöhen wird. (1), (3)

Fallbeispiele

Nokias zäher Kampf gegen den Abstieg

Ein typisches Beispiel für Pfadabhängigkeit ist das Unternehmen Nokia. Waren die Finnen noch vor ein paar Jahren die unangefochtenen Könige der Handybranche, sind sie von der innovativen Kraft von Unternehmen wie Apple und Samsung geradezu überrollt worden. Mittlerweile hat Nokia am lukrativen Markt für Smartphones weltweit gesehen nur noch einen Anteil von acht Prozent. Als Grund für den Abstieg nennen Experten das Verharren in traditionellen Denkschablonen, die es den Nokia-Führungskräften verwehrt haben, neue Entwicklungen und damit neue Märkte zu erkennen. Ein Beispiel dafür ist das sture und lange Festhalten an dem veralteten Betriebssystem Symbian. Zwar kommen mittlerweile wieder positive Nachrichten aus dem hohen Norden Europas, doch erst die Zukunft wird zeigen, ob sich die neuen Nokia-Smartphones Lumia 900 und PureView 808 gegen die starke Konkurrenz aus den USA und Südkorea behaupten können. (6), (7), (8)

Nur 1,7 Prozent der deutschen Unternehmen sind mehr als 100 Jahre alt

Lediglich 1,7 Prozent der deutschen Unternehmen wurden vor mehr als 100 Jahren gegründet. Zu den Oldtimern gehören vor allem süddeutsche Brauereien. Wenn es auch alteingesessenen Firmen leichter als Newcomern fällt, Vertrauen beim Verbraucher zu erzeugen, sind sie dafür andererseits anfälliger für Pfadabhängigkeiten. Ein Beispiel ist der Schreibmaschinenhersteller Olympia, der es einfach nicht mehr geschafft hat, mit den neuen

Entwicklungen Schritt zu halten. Beeindruckende Gegenbeispiele sind Siemens und BASF, die selbst zwei Weltkriege überstanden haben. Ohne Flexibilität in ihrer Unternehmensstrategie wäre das nicht möglich gewesen. Wie schnell Unternehmen in Vergessenheit geraten, weil sie nicht schnell genug auf sich verändernde Märkte reagieren konnten, zeigt das Beispiel der Automobilindustrie. Heute gibt es noch drei große Konzerne in Deutschland: Audi, Daimler und VW. Vor dem ersten Weltkrieg waren es über 30. (3)

Weiterführende Literatur

(1) In der Sackgasse
aus OrganisationsEntwicklung Nr. 01 vom 18.01.2013
Seite 021

(2) Was hat gerade Worthülsenkonjunktur?
aus brand eins, Heft 11/2012, S. 132-137

(3) Je älter, je schöner
aus Süddeutsche Zeitung, 19.07.2012, Ausgabe München, Bayern, Deutschland, S. 22

(4) Organisationale Routinen
aus OrganisationsEntwicklung Nr. 01 vom 18.01.2013
Seite 015

(5) Kreisförmiger Fortschritt

aus OrganisationsEntwicklung Nr. 01 vom 18.01.2013
Seite 057

(6) Organizational Burnout - wenn das ganze
Unternehmen erschöpft ist
aus GENIOS WirtschaftsWissen Nr. 01 vom 23.01.2013

(7) Führungspsychologie - ein weites Feld
aus GENIOS WirtschaftsWissen Nr. 04 vom 05.04.2012

(8) Das letzte Aufgebot?
aus Computer Bild Nr. 16 vom 14.07.2012 Seite 70

Impressum

Pfadabhängigkeit - Ist der langsame Weg von Unternehmen in die Erstarrung vermeidbar?

Bibliografische Information der deutschen Nationalbibliothek

Die Deutsche Nationalbibliothek verzeichnet diese Publikation in der deutschen Nationalbibliografie; detaillierte bibliografische Daten sind im Internet über http://dnb.d-nb.de abrufbar.

ISBN: 978-3-7379-1296-9

© 2015 GBI-Genios Deutsche Wirtschaftsdatenbank GmbH, Freischützstraße 96, 81927 München, www.genios.de

Alle Rechte vorbehalten. Dieses Werk ist einschließlich aller seiner Teile – z.B. Texte, Tabellen und Grafiken - urheberrechtlich geschützt. Jede Verwertung außerhalb der Grenzen des Urheberrechtsgesetzes bedarf der vorherigen Zustimmung des Verlags. Dies gilt insbesondere auch für auszugsweise Nachdrucke, fotomechanische

Vervielfältigungen (Fotokopie/Mikroskopie), Übersetzungen, Auswertungen durch Datenbanken oder ähnliche Einrichtungen und die Einspeicherung und Verarbeitung in elektronischen Systemen.